ORAISON FUNÈBRE

PRONONCÉE SUR LA TOMBE

DE

ACHILLE-ETNA MICHALLON.

IMPRIMERIE A^{me}. BOUCHER, RUE DES BONS-ENFANTS,
N°. 34.

Déjà célèbre au sortir de l'enfance
Sur les pas du Poussin la mort
vint le saisir.
Cinq lustres, onze mois, furent son
existence;
Mais de son beau talent parlera
l'avenir.

A. Michallon.

ORAISON FUNÈBRE

DE FEU

ACHILLE-ETNA MICHALLON,

Pensionnaire du Roi, peintre en paysage historique;

PRONONCÉE

PAR V.-A. VANIER, SON COUSIN,

LE MERCREDI 25 SEPTEMBRE 1822.

A PARIS,

CHEZ ANTHe BOUCHER, IMPRIM.-LIBRAIRE,

RUE DES BONS-ENFANTS, No. 34.

1822.

ORAISON FUNÈBRE

PRONONCÉE SUR LA TOMBE

DE

ACHILLE-ETNA MICHALLON.

Hodiè tu, cras ego.

L'HEURE de la mort a sonné dans la nuit du 23 au 24 septembre 1822, et son timbre funèbre a retenti dans nos âmes. Quel coup inopiné! Quelle perte imprévue! Près de ces cendres, tièdes encore, arrosées de nos larmes, qu'un peu de terre va recouvrir, qui de nous, MESSIEURS, s'attendait à se réunir aujourd'hui dans le champ du repos? Faut-il, si jeune encore, riche tout-à-la-fois de tant de talents et de vertus, disparaître de la terre des vivans!!! O vous, que la douleur pénètre, vous, dont le cœur se brise à l'aspect de cette tombe, réunissez-vous à moi pour évoquer l'ombre de notre jeune ami; quelle jouisse de nos regrets, qu'elle reçoive nos derniers adieux.

C'est en nous entretenant, Messieurs, de ce bon, de cet intéressant jeune homme, que nos idées se pressent, que nos âmes s'attendrissent, que nos soupirs se confondent. Qui l'a connu l'a aimé, qui voit ses œuvres l'admire. Il vient de terminer sa vie à un mois près de la vingt-sixième année de son existence, laissant après lui une célébrité incontestable dans l'âge heureux où l'on travaille à l'acquérir. Néanmoins, sous le rapport des peines cuisantes et des jouissances du cœur, des études approfondies et du talent précoce, MICHALLON a vécu un siècle. Noble enfant des arts, les vicissitudes de ta vie s'engloutissent dans ta tombe, mais le souvenir de tes belles qualités et les produits de ton pinceau passeront à la postérité!

Achille-Etna MICHALLON naquit à Paris, le 22 octobre 1796, de Claude MICHALLON, statuaire distingué, pensionnaire du Roi, et de Marie-Madeleine CUVILLON, belle-fille de M. FRANCIN, sculpteur, au Louvre. Il perdit son père à un âge si tendre qu'il n'eût ni le bonheur de le connaître ni l'amertume de le pleurer. Sa mère, réunie par le cœur et par les localités à M. Francin, continua de vivre en famille, et fut la première institutrice de ce fils unique qu'en vain elle voulut nourrir de son lait, et qu'elle éleva par ubération artificielle pour ne pas s'en séparer (1). MICHALLON tenait de son père un génie actif, un cœur franc et loyal ; il tenait de sa mère une âme expansive, une exquise sensibilité. C'est ce dernier sentiment surtout qui sema sa vie de troubles et d'anxietés. Quelqu'un des siens était-il malade ? Un ami se trouvait-il indisposé ? il se grossissait le danger, il en appréhendait la mort. Hélas ! MESSIEURS, vous le savez, il n'était pas exempt de telles craintes pour lui-même. Infortuné jeune homme ! dans l'âge heureux où l'on boit à longs traits à la coupe de la vie, tu redoutais la mort !!! Présages trop funestes, et malheureusement trop tôt réalisés.

MICHALLON, élevé dans le Louvre, puis ensuite à la Sorbonne, au sein de la famille FRANCIN, donne, dès l'âge le plus tendre, les plus belles espérances. Né dans le temple des arts, il dut s'y adonner. Quels charmes n'offrirent-ils pas à une âme ardente comme la sienne? Aussi quels y furent ses progrès! Mais voyons-le d'abord dans sa vie privée, son cœur gagne autant à être connu que son talent. Quelle plume il me faudrait, MESSIEURS, pour vous retracer les scènes de famille, les caresses bruyantes, les joies folles, où il nous confond tous dans ses embrassements; mère, aïeule, cousins, cousines, sont les objets de démonstrations beaucoup plus amicales que sagement calculées; sa mère, qui voudrait qu'il s'observât, rit ou pleure, gronde ou approuve, selon les mouvements de son fils. De cette main enfantine dont il nous chiffonne en nous caressant, il manie le pinceau en artiste habile : c'est une âme ardente, c'est un cœur de feu.

Admirateur du beau, ami du vrai, indulgent pour les autres, sévère pour lui seul, MICHALLON ne peut se persuader qu'il fait bien; si on lui fait observer qu'il va de mieux en mieux, il sent qu'il peut mieux faire encore. Voilà, MESSIEURS, oui, voilà le cachet du talent; et si nous en jugeons par la modestie, qui fut plus modeste que MICHALLON (2)? Je le peins ici dans son intérieur, dans les circonstances familières où l'on aime à voir les grands hommes. Cette épithète vient d'elle-même se placer sous ma plume, et je ne crois pas devoir la supprimer. Est-il grand homme en effet celui qui, à moins de vingt-six ans, laisse un nom digne d'occuper une page dans l'histoire? Lui contestera-t-on ses talents et ses vertus? Parlez, parlez, vous qui fûtes ses nobles émules, et vous artistes distingués qui l'avez intimement connu à Rome, où son mérite personnel l'avait, si jeune encore, classé dans vos rangs. Retracez-nous ses qualités aimables, la bonté de son cœur, la candeur de son âme, le doux abandon de ses entretiens, la vivacité de ses caresses, l'aménité de ses conseils; vous le savez, votre gloire était la sienne, ses affections étaient pour vous (3). Et vous, célèbres artistes de la capitale, vous qu'il s'enorgueillissait d'avoir pour maîtres, vous savez sans doute qu'au sein de sa famille il n'avait de constante sollicitude que celle de répondre dignement à vos généreux et tendres soins (4). Hélas! MESSIEURS, l'intérêt que vous lui portiez de son vivant, vos regrets à sa mort, tout atteste l'honorable témoignage que vous lui rendiez : Sa famille en est attendrie; de tels sentimens de votre part deviennent pour elle un baume salutaire qui tempère sa douleur dans le coup fatal dont elle est accablée.

Aux vertus sociales dont MICHALLON nous offre le modèle, se joignait parfois un courage et une force d'esprit qu'on ne s'attendrait pas à retrouver à côté de tant de sensibilité. Combien eut-il à souffrir de la perte successive des membres de sa famille! Ce fut d'abord son aïeule maternelle, Mme. veuve CUVILLON, épouse en secondes noces de M. FRANCIN! Ensuite décéda sa mère, femme vertueuse, qui n'eut que les épines de la maternité. Il lui restait une tante, Mlle. FRANCIN, qui avait partagé avec sa sœur les soins maternels ; la mort la lui enlève : il lui rend les derniers devoirs avec une tendresse toute filiale. O! bon jeune homme, élevé à l'école des arts et du malheur, fallait-il apprendre sitôt à mourir !!!

Après avoir retracé succinctement l'esquisse des vertus qui lui étaient familières, et qui seules le feraient regretter, vous parlerai-je, MESSIEURS, de ses talents en peinture? Qui de nous les ignore! Nous l'avons vu, ce jeune favori des arts, avant l'âge de douze ans, étonner la capitale et l'étranger par ses succès rapides : chose inouïe, mais exactement vraie (5). La nature est avare des hommes de cette trempe. Qu'on se figure MICHALLON en récréation, fouettant un sabot, faisant tourner une toupie ou enlevant un cerf-volant dans la cour de la Sorbonne, pendant qu'un illustre étranger, le prince YOUSSOUPOFF, admire ses tableaux dans l'atelier du célèbre David qu'il était venu visiter. Le Prince ne peut se le persuader, il veut voir l'enfant, traverse la place, entre dans la cour; on le lui fait remarquer dans un groupe. MICHALLON lui est présenté, le Prince le caresse, le flatte et le pensionne!!! (6)

Suivons MICHALLON dans la carrière, nous le verrons, en 1811, médailliste à l'Académie ; il était alors dans sa quinzième année; admis à l'exposition en 1812, il s'y distingue, et remporte une médaille d'or de second prix. Plus tard, il concourt au prix proposé par la ville de Douai, qui lui décerne une médaille. En 1817, fut créé, par rapport à lui, et sur les conclusions de Son Excellence le Ministre de l'Intérieur, un grand prix de peinture en paysage historique; il se présente, concourt, et le remporte à l'unanimité des suffrages.

A peine vient-il d'atteindre sa vingtième année, qu'il part pour Rome en qualité de pensionnaire du Roi. Arrivé sur la terre classique, il n'a pas assez d'yeux pour voir, assez de facultés pour bien sentir; il reste stupéfait à l'aspect de l'antique capitale du monde, comme nous le fûmes à la nouvelle foudroyante de sa mort (7). Mais à l'extase du premier moment succède bientôt l'enthousiasme durable. Son génie prend un nouvel essor; chez lui, nouveau courage, nouvelle ardeur que les obstacles ne font qu'accroître. Voyez-le, MESSIEURS, franchir les montagnes, gravir les roches escarpées, s'enfoncer dans les bois, descendre dans les ravins, côtoyer les torrents; le ciel, la mer, les volcans, tout l'électrise et le transporte; partout il observe la nature, et la prend sur le fait. Dans ses nombreuses incursions, semblable à l'abeille qui butine, il se fait un amas, un trésor d'études admirables; il les envoie à Paris au respectable M. FRANCIN, qui, parvenu à la quatre-vingt-deuxième année d'une carrière honorable, reste debout comme un vieux chêne qui résiste à l'orage pour attester les dégâts de l'aquilon sur la forêt.

Michallon était à Rome quand arriva l'exposition de 1819 ; on attendait de lui un tableau pour le Salon. Paraît son *Roland* : ce n'est pas l'ouvrage d'un élève distingué qu'on observe, c'est le chef-d'œuvre d'un habile homme qu'on admire. Quelle sensation il produisit ! Est-il besoin ici, Messieurs, de faire l'éloge d'un tableau qui fera toujours regretter la perte de son auteur ? Le second tableau, envoyé par lui de Rome, est son *Combat des Lapites et des Centaures*. Quelle richesse de composition ! Les variétés du site, la distribution des groupes, la fraîcheur du coloris, la perspective aérienne, tout flatte, tout enchante dans cette production. La grande facilité de Michallon lui permet, pendant son séjour à Rome, de satisfaire aux instantes sollicitations de quelques personnes de la plus haute distinction auxquelles il ne put refuser de ses ouvrages. Plusieurs illustres étrangers, admirateurs de ses talens (surtout les Anglais), l'honoraient de leur estime et de leurs suffrages. Sa réputation s'agrandissait en Italie, en Angleterre, ainsi qu'en France; à Paris on lui donnait le surnom de *Poussin moderne* (8).

Après quatre ans de séjour à Rome, il rentre dans ses foyers, comblé de gloire et de travaux, recevant les tendres embrassements des siens, y répondant avec la cordialité qui le caractérise. Le voilà au sein de sa famille, au milieu de ses amis, entouré de ses élèves et de ses dignes émules, aussi simple dans ses manières, aussi affable dans ses caresses ; c'est le même MICHALLON avec son cœur aimant, sa gaité d'écolier et son talent de maître. Il n'a que le temps de se préparer pour l'exposition de 1822, et aussitôt trois sujets marquants y figurent : les *Ruines du Cirque*, une *Vue des environs de Naples*, et une *Cascade de Suisse*. Il est appelé par S. A. S. Mgr. le Duc d'Orléans, qui lui donne à faire des *Vues* de son parc de Neuilly. MICHALLON, toujours actif et laborieux, se rend à Fontainebleau pour travailler d'après nature, quoique la saison commence à s'avancer. A peine en est-il revenu, qu'il va au Jardin des Plantes, pour y faire des études d'arbres étrangers, notamment celle du *cèdre*. En rentrant un soir, un mal de gorge le saisit ; l'inflammation gagna la poitrine au moment même où l'on se flattait de voir s'opérer un mieux sensible...... Vain espoir ! son heure fatale a sonné, il n'est plus.

Déjà célèbre au sortir de l'enfance
Sur les pas du Poussin la mort vint le saisir.
Cinq lustres, onze mois, furent son existence ;
Mais de son beau talent parlera l'avenir.

VANIER.

NOTES.

(1) Cette mère, intéressante sous tous les rapports, adorait son fils unique; mais on lui rendra cette justice qu'elle l'aimait encore plus pour lui que pour elle-même. Elle l'accompagnait dans les environs de Paris où, dès l'âge de 10 ans, il allait passer plusieurs jours pour dessiner des vues. C'est à l'étude de la nature, faite de si bonne heure, qu'il doit ce vaporeux, cette perspective aérienne qu'on remarque dans ses tableaux.

(2) La modestie dut être innée en MICHALLON, car il n'est point d'enfant qui ait été plus que lui complimenté, caressé et même adulé dès son jeune âge : son talent précoce devait y donner lieu.

(3) Il parlait avec enthousiasme de ses amis, et personne n'a à lui reprocher une

critique amère, un persiflage, sur le travail d'un artiste. Quand on critiquait un tableau devant lui, et qu'on provoquait son sentiment, il lâchait un *oui* de complaisance; mais aussitôt il en observait le meilleur côté, et le faisait remarquer en disant: « *Tenez, voilà qui n'est pas mal.* »

(4) MICHALLON sentait tout ce qu'il devait à des maîtres désintéressés, dont les leçons d'amitié lui furent si profitables; aussi ne parlait-il de MM. DAVID, VALENCIENNES, BERTIN et DUNOUY, qu'avec l'accent de la reconnaissance.

(5) Si l'on peut, sans rougir, dire qu'un artiste vit de son travail, on doit dire ici, à la gloire de MICHALLON et à l'honneur de sa mère, que cette intéressante veuve trouvait dans la vente des dessins d'un enfant de douze ans, une allégeance à ses charges.

(6) Le prince ISSOUPOFF, qui faisait tous les deux ans le voyage d'Italie, voulait y emmener MICHALLON; mais sa mère ne pût

se résoudre à s'en séparer, l'enfant étant trop jeune. La pension du prince lui fut exactement desservie jusqu'en 1814, époque du désastre de Moscow, où ce généreux bienfaiteur avait ses plus belles propriétés. Si cet opuscule tombe un jour sous sa main, il verra dans cette courte note l'expression naïve d'une famille reconnaissante.

(7) Il est notoire que les grandes âmes sont les plus promptes à se replier sur elles-mêmes dans les vives émotions. Pareille chose arriva à MICHALLON la première fois qu'il travailla d'après nature ; c'était dans le parc de Saint-Cloud. Sa mère, assise près de lui, s'occupait d'un feston. Après un quart-d'heure de pose, elle se retourne, voit le papier blanc, et son fils qui pleure. Elle le console, l'embrasse, et de ses deux mains lui borne son horizon. L'enfant des arts revient à lui, maîtrise sa pensée ardente, et les larmes de l'innocence arrosèrent le germe du génie.

(8) En arrivant à Rome, il est surpris de trouver son nom gravé en creux sur l'une des tables. Il apprend que c'est la place même qu'avait occupée Claude MICHALLON son père. Une vive émotion s'empare du jeune MICHALLON, ses yeux se mouillent de larmes, il baise respectueusement le nom paternel, et s'installe à l'endroit qui lui retrace de pénibles et de glorieux souvenirs.

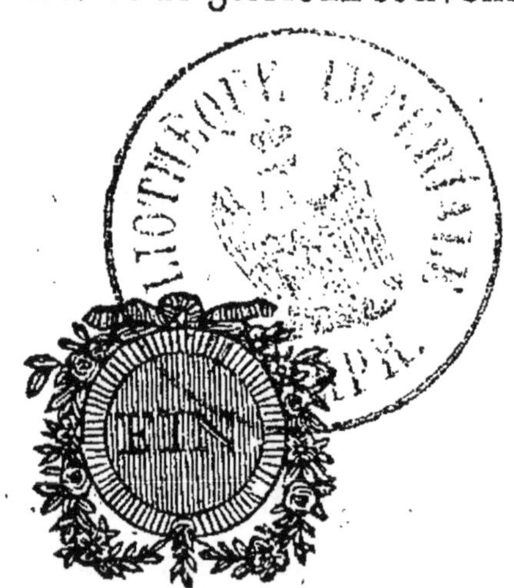

www.ingramcontent.com/pod-product-compliance
Ingram Content Group UK Ltd.
Pitfield, Milton Keynes, MK11 3LW, UK
UKHW021042260726
13994UKWH00005B/2318